LES TRIDUUMS DE BESANÇON

EN L'HONNEUR

DU BIENHEUREUX

J.-B. DE LA SALLE

FONDATEUR DES FRÈRES DES ÉCOLES CHRÉTIENNES

JUIN & JUILLET 1888

BESANÇON

IMPRIMERIE ET LITHOGRAPHIE DE PAUL JACQUIN

Grande-Rue, 14, à la Vieille-Intendance

1889

J.B. DE LA SALLE

LES TRIDUUMS DE BESANÇON

EN L'HONNEUR

DU BIENHEUREUX

J.-B. DE LA SALLE

FONDATEUR DES FRÈRES DES ÉCOLES CHRÉTIENNES

JUIN & JUILLET 1888

BESANÇON

IMPRIMERIE ET LITHOGRAPHIE DE PAUL JACQUIN

Grande-Rue, 14, à la Vieille-Intendance

1889

LES TRIDUUMS DE BESANÇON

EN L'HONNEUR DU

BIENHEUREUX JEAN-BAPTISTE DE LA SALLE

Depuis le jour où le Souverain Pontife a élevé sur les autels le Bienheureux de la Salle, des fêtes magnifiques ont été célébrées en son honneur dans le monde entier et surtout en France.

Le diocèse de Besançon, qui doit tant aux Frères des Ecoles chrétiennes, aura une belle page dans ces manifestations de foi et de reconnaissance. L'église métropolitaine a donné l'exemple; les villes de Gray et de Vesoul l'ont suivie; le Noviciat des Frères à Saint-Claude-lez-Besançon est venu ensuite; puis successivement Pontarlier, Baume-les-Dames, Valay, Luxeuil, Lure et Jussey, qui ont rivalisé de zèle pour exalter la gloire du Bienheureux.

Il convenait que Besançon eût la meilleure part dans ce concert de louanges. Les deux triduums célébrés à la basilique de Saint-Jean, les 8, 9 et 10 juin, et à la chapelle du Noviciat de Saint-Claude, les 20, 21 et 22 juillet, ont eu, en effet, un éclat inespéré.

C'est afin d'en perpétuer le souvenir, et aussi pour donner aux heureux témoins de ces fêtes la facilité d'en raviver dans leurs âmes les fortifiantes impressions, qu'on a jugé utile de réunir en une petite brochure les deux comptes rendus publiés, au lendemain de ces jours bénis, par les journaux religieux de la localité, et les trois principaux discours prononcés au Noviciat de Saint-Claude et que l'orateur, M. l'abbé Vuichard, curé de Cressier, a bien voulu communiquer.

TRIDUUM DE LA BASILIQUE DE SAINT-JEAN

8, 9 & 10 JUIN 1888

Oui, les Frères sont contents [1], et ils garderont de ces émouvantes solennités un souvenir dont le parfum embaumera le reste de leur vie. Nous sommes contents aussi, car nous nous sommes retrempés dans notre amour, ardent déjà, pour l'Institut des Frères des Ecoles chrétiennes, pour cette œuvre aussi française que catholique, dont rien ne décourage l'infatigable dévouement pour la classe populaire. Jamais fête n'a été mieux préparée. Aussi bien, nos bons Frères y ont pris peine.

Rien de plus splendide que l'aspect intérieur de l'antique cathédrale bisontine. Rien de plus beau que la pompe des fêtes. Rien de plus émouvant que les éloquentes paroles dites en l'honneur du Bienheureux. La basilique avait revêtu je ne sais quelle brillante et superbe parure et d'un goût qui faisait honneur à ses décorateurs. Du grand chœur jusqu'à la chapelle du Saint-Suaire, de colonne en colonne, se déroulaient de larges draperies brodées d'argent et d'or ; à la voûte pendaient une multitude d'oriflammes aux couleurs de l'Eglise et de la France. Sur chaque pilier se voyaient les écussons portant la noble et belle devise du Bienheureux et de l'Institut : ***Signum fidei.*** Mais le Saint-Suaire surtout, dont la chapelle avait été spécialement réservée aux élèves des Frères, était paré avec une richesse extraor-

(1) Allusion à la pensée finale du prédicateur du *Triduum*.

dinaire. Au-dessous du portrait de l'éminent Fondateur des Ecoles chrétiennes, belle œuvre signée d'un nom qui nous fait songer au nom de celui que nous pleurerons longtemps, au-dessous de ce portrait, dis-je, ressortait, d'un cadre éblouissant de fraicheur et de beauté, la statue du Bienheureux. Au dehors, à la grande porte d'entrée, se mariaient fraternellement les drapeaux de l'Eglise et de la France, ombrageant dans leurs plis confondus l'invocation au bienheureux Jean-Baptiste de la Salle. En les voyant ainsi onduler sous le souffle de la brise, on se disait : c'est ainsi que pour notre bonheur, pour celui de l'Eglise et de la France, ils devraient toujours être.

Mais le premier jour de la fète a paru. Son soleil se lève dans une aurore radieuse ; dès son premier rayon, les cloches de la cathédrale, sonnant à toute volée et donnant toute leur harmonieuse voix, annoncent aux Bisontins que la fête commence et les invitent à y prendre part.

Dès les sept heures, les écoles emplissent la cathédrale. Aux chants exécutés avec entrain succède le doux murmure de la prière, s'échappant du cœur ému des enfants, comme l'encens des urnes embaumées. Puis vient l'attendrissant spectacle de la communion des Frères, mêlés à leurs élèves recueillis. Puissent-ils conserver longtemps dans leur cœur les grâces de choix apportées par cette Hostie sainte!

On revient à la cathédrale pour la messe solennelle du Chapitre. A l'élévation, la Maîtrise, s'inspirant des suaves émotions du jour, chante un des beaux motets de son répertoire ; le reste de la journée est donné à l'adoration du saint Sacrement, dont l'octave se continue. Puis vient le dernier exercice du soir, le plus solennel, le plus émouvant, et aussi le mieux suivi. Avant que les cloches s'ébranlent, déjà la foule a envahi toutes les nefs de la basilique : celle-ci présentait alors un aspect féerique, sous les mille lumières des lustres étincelants.

Aussitôt après l'arrivée de Mgr l'Archevêque, qui a voulu présider à tous les exercices du triduum, les jeunes élèves des Frères, aidés de la voix puissante de leurs anciens condisciples, et sous la direction savante et zélée de leur maître de chapelle, entonnent l'hymne de triomphe du Bienheureux, l'*Iste confessor*. Ce n'était cependant pas la première fois que ce chant vainqueur retentissait sous les voûtes de la cathédrale. Eh bien ! les cœurs se sentaient pénétrés d'une mystérieuse émotion. Je ne sais pourquoi, ou plutôt si, je sais pourquoi, l'heure était solennelle ; ce chant de triomphe éclatait pour la première fois en l'honneur de Jean-Baptiste de la Salle, et ses notes sublimes sortaient des lèvres frémissantes de ses jeunes enfants. Quel cœur aurait pu se contenir contre l'émotion qui l'envahissait !

Après le cantique *Magnificat*, également bien chanté par les Frères, venait le beau discours de l'éloquent orateur du triduum, M. le vicaire général Touchet. Nous allons y revenir. La bénédiction du saint Sacrement, chantée en musique par les élèves des Frères, et se fermant sur un cantique en l'honneur du Bienheureux, a couronné la première journée du triduum. Le lendemain, mêmes exercices, même foule, même parole entraînante, mêmes émotions.

Mais voici venu le jour le plus solennel du triduum, le dernier jour, le dimanche 10 juin, qui restera impérissablement gravé dans toutes les mémoires. Le matin a eu lieu la communion générale ; Frères, élèves, fidèles, sont mêlés à la sainte table. Chacun veut prendre part à la fête en prenant part au banquet divin ; chacun veut avoir sa miette des grâces tombées du ciel. A ce moment céleste, je soupçonne que, s'il y avait grande joie sur la terre, il y avait aussi grande joie au ciel, et qu'en bas comme là-haut, saints de l'exil comme saints de la patrie, célébraient les louanges de notre Bienheureux.

Sa Grandeur Mgr Ducellier, désirant déployer autour des fêtes de la béatification toute la pompe possible, a voulu, entouré du brillant cortège de son chapitre, de ses prêtres et de ses lévites, célébrer pontificalement la messe qui se disait pour la première fois, sur un autel de son diocèse, en l'honneur du Bienheureux. Comme les jours précédents, les Frères, ayant à leur tête le vénérable Frère Visiteur, étaient rangés dans le chœur de la cathédrale, et en attirant l'attention, éveillaient aussi les sympathies de tous les fidèles, et appelaient sur leurs lèvres de ferventes prières adressées au Bienheureux pour le succès et l'avenir de son glorieux Institut. La Maîtrise, à qui revenait l'honneur de chanter dans ce dernier jour du triduum, a fort bien accompli sa mission, en enlevant très heureusement une belle mais difficile messe de Desvignes, le matin, et en exécutant de beaux morceaux, avec un succès digne de son passé, le soir, à la bénédiction.

Monseigneur a daigné présider encore les vêpres solennelles. Ici, je renonce à dépeindre la foule toujours grossissante, se pressant, se serrant, s'étouffant presque dans la vaste basilique, en remplissant tous les espaces, en occupant tous les vides. De longtemps on n'avait vu foule pareille ; tout Besançon était là pour vous donner, mes Frères, une belle marque, une preuve éclatante de sympathie.

Mais le moment est venu de parler de l'éloquent prédicateur dont la parole savante et vibrante a si bien contribué à la beauté de cette fête. Aussi bien, le talent de l'orateur était à la hauteur de la circonstance. Le sujet s'imposait, c'était l'éloge du Bienheureux de la Salle.

Le premier jour du triduum, M. l'abbé Touchet, voulant que les fidèles fussent de suite au courant des solennités qu'on allait célébrer, pour que, les comprenant mieux, ils en profitassent davantage aussi, nous a fait l'histoire de l'introduction à Rome de la cause de Jean-Baptiste de la Salle. Il nous a montré les différentes péripéties par lesquelles les tempêtes révolutionnaires et les sages lenteurs de l'Eglise dans les procédures de ce genre ont fait passer ce procès, qui aboutit à un premier décret de Grégoire XVI, proclamant Vénérable le fondateur des Frères, Jean-Baptiste de la Salle. Après un demi-siècle d'enquêtes, de contre-enquêtes, d'informations, de discussions et de réflexions, le procès en arrive aux quatre miracles, et bientôt Léon XIII promulgue, dans ces fêtes qui resteront glorieusement gravées dans les fastes de l'Eglise, le décret de béatification de de la Salle (19 février 1888). L'orateur a su éviter tout ce qu'un discours de ce genre peut avoir de sec, d'aride, par la beauté de sa parole, l'éclat des tableaux qu'il a successivement déroulés sous nos regards, par le prestige et le feu de son action. On gardera le souvenir de son apothéose de 1888.

Le samedi soir, M. le Vicaire général, parlant de l'idée qui avait inspiré son œuvre au Bienheureux de la Salle, du manque presque absolu alors de maîtres dévoués à l'instruction du peuple, a été naturellement amené à parler de l'éducation chrétienne et de sa nécessité prouvée par la foi, le bon sens et le patriotisme. C'était merveille que d'entendre l'orateur parlant de l'éducation chrétienne reçue à l'ombre des églises de ville et de l'humble chapelle du village, mise en parallèle avec l'éducation qu'on voudrait donner aujourd'hui, en dehors du catéchisme et de la foi ; faisant appel à tous les plans d'éducation que peuvent présenter les diverses écoles de philosophie, discutant ces plans, montrant ce qu'ils ont de vicieux, et concluant que la seule religion chrétienne a le secret de résoudre tous les problèmes concernant l'éducation ; l'orateur enfin, faisant l'hypothèse que depuis 1789 les autels n'aient pas été relevés, se demande ce que serait la société française sans Dieu, sans religion, sans croix et sans autels ; et après nous avoir introduits dans la famille, dans l'Etat, dans l'armée et nous avoir montré ce que seraient, sans Dieu, toutes ces forces de la société, le prédicateur arrive naturellement à nous faire le tableau plus consolant d'une patrie qui a sa foi, son

Dieu et son culte, et il termine sur le magnifique éloge du patriotisme des Frères dans les lugubres événements de 1870-1871.

Mais il était réservé à l'éminent conférencier de se surpasser dans le discours de clôture. Il a su trouver ce merveilleux secret. Partant de son texte : *Pauper, servus et humilis,* et passant à travers tous les genres de primauté que rêve l'ambition des hommes, il en arrive à nous dire tous les genres d'anéantissement que rêve l'humilité des saints. Bref, il en vient à nous montrer l'anéantissement, dans tout ce qu'il a de plus complet, se réalisant dans la personne du Bienheureux, et dans son dévouement et son amour pour le peuple, le théâtre de ses anéantissements. Il se fait humble parmi les humbles, petit entre les plus petits, jusqu'à se faire le serviteur du peuple. Il a renoncé à sa famille, à ses biens, à ses richesses, à ses espérances, au brillant avenir qui lui souriait dans le lointain et dont le glorieux passé de ses ancêtres est comme un gage assuré ; que dis-je ? il renonce même à son nom ! Et voilà que tout d'un coup le brillant nom de de la Salle pâlit, s'obscurcit, disparait sous le vulgaire nom de « frère. » C'est l'anéantissement dans son « achevé. » Puis l'orateur montre le Bienheureux de ce jour instruisant les enfants, leur apprenant la lecture, l'écriture, le calcul, et ce, jusqu'à sa mort, qui n'a été que l'époque de sa naissance au ciel. Et dans la péroraison finale, l'orateur, se tournant vers les Frères, a salué en eux l'espoir de l'avenir, les amis de Besançon *quand même,* et en les rapprochant de Jeanne d'Arc, dont le cœur est resté sur le bûcher sans avoir été atteint par les flammes, l'orateur a laissé entrevoir l'espérance qu'en dépit des traits et des persécutions, les Frères sauraient garder, avant, pendant, comme après la lutte, un cœur toujours frais, toujours jeune, toujours ardent, et toujours prêt au bien.

Le *Te Deum* a couronné ces fêtes, qui resteront comme un monument ineffaçable dans notre vieille cité bisontine. La foule, qui s'est écoulée pieuse et recueillie, a emporté dans son âme des sentiments dont l'éducation chrétienne bénéficiera à son heure. Chacun était content, les Frères plus que tous les autres. Dieu en soit loué !

L'Abbé X., *ancien élève des Frères.*

TRIDUUM DU NOVICIAT DE SAINT-CLAUDE

20, 21 & 22 JUILLET 1888

La gracieuse chapelle du Noviciat est décorée avec un goût parfait, qui parle au cœur en même temps qu'il réjouit les yeux. Au fond du sanctuaire, un grand tableau rappelle l'apothéose du Bienheureux et fait rêver du ciel. Le maître-autel resplendit de mille lumières. A gauche, en avant du chœur, se dresse la statue de Jean-Baptiste de la Salle, au visage souriant comme savent sourire les saints. Dans la nef, draperies, guirlandes, oriflammes, s'unissent harmonieusement avec les écussons aux armes du Bienheureux, de l'Institut, de Mgr Ducellier, du R. P. Abbé de la Grâce-Dieu et des quatre Souverains Pontifes qui se sont occupés de la glorification de Jean-Baptiste de la Salle. Plus de vingt inscriptions rappellent la date des principaux événements qui ont marqué la vie du fondateur des Ecoles chrétiennes. Au dehors de la chapelle, des oriflammes aux couleurs variées annoncent la splendeur du dedans.

Mais les Frères n'ont pas oublié que la décoration la meilleure, celle que Dieu veut avant tout, c'est la préparation du cœur. Pendant neuf jours, ils ont multiplié les ferventes prières et, suivant le conseil de l'Esprit-Saint, ils y ont ajouté le jeûne. *Bona est oratio cum jejunio.* Tout présage que les fêtes seront magnifiques.

Elles commencent le vendredi, à dix heures, par la sainte messe. Le R. P. dom Laurent, abbé de la Grâce-Dieu, officie pontificalement. On croirait assister aux cérémonies de la métropole. Après l'évangile, M. l'abbé Jeannin indique aux Frères le fruit qu'ils doivent retirer de ce triduum, c'est-à-dire un nouvel essor vers la sainteté, qu'il définit et dont il trace les luttes et les progrès.

Mgr Ducellier assiste à l'exercice du soir. Par une délicate attention, il décline la présidence de l'office en faveur du R. P. Abbé de la Grâce-Dieu. A la fin des vêpres, M. l'abbé Vuichard, curé de Cressier (Suisse), commence le panégyrique du Bienheureux, dont trois mots empruntés au prophète royal réunissent la vie et les œuvres. *Bonitatem, et disciplinam, et scientiam.* La bonté qui attire les âmes, la discipline qui trempe les volontés, la science véritable qui n'est complète que par l'enseignement du catéchisme et la prière : voilà le programme que s'est tracé et qu'a réalisé Jean-Baptiste de la Salle. C'est aussi celui que suivent ses disciples et dont le monde admire la sage conception. L'orateur développera ce thème fécond dans trois entretiens que l'on trouvera ci-après. Il l'a fait à la satisfaction de tous. Sa parole facile, sa diction élégante, son débit naturel et varié, ont facilement captivé l'attention de l'auditoire.

La journée du samedi voit se reproduire les mêmes exercices. Le très saint Sacrement, exposé dès la veille au soir, leur donne une solennité plus grande encore. A la messe de ce jour, célébrée par M. l'abbé Loviat, curé de Saint-Claude, le R. P. Jean, dans un langage tout évangélique, signale aux Frères la source où ils doivent, à l'exemple de leur fondateur, puiser le vrai dévouement : c'est la sainte communion, réconfort assuré des âmes, formatrice et auxiliaire indispensable de la sainteté. Le soir, les vêpres sont présidées par M. le Curé de Neufchâtel, ami et zélé protecteur des Ecoles chrétiennes.

Le dimanche, dès les sept heures, Mgr Ducellier assiste à la messe célébrée par M. l'abbé Coffin, aumônier du Noviciat. Frères, petits novices, sourds-muets élèves de l'établissement, viennent demander au Dieu de l'Eucharistie le secret de la force et du dévouement chrétien. La messe terminée, Monseigneur va donner le sacrement de confirmation aux petits novices et aux jeunes sourds-muets. Mais auparavant, il les prépare à cette grande grâce par une touchante et paternelle allocution sur la richesse des dons du Saint-Esprit et le symbolisme expressif des cérémonies qui accompagnent le sacrement. Après la confirmation, il bénit solennellement la statue du Bienheureux dont nous avons parlé plus haut.

A dix heures, la messe pontificale. Mgr l'Archevêque est entouré de ses trois vicaires généraux et de MM. les chanoines Bourgoin et Suchet. Un nombreux clergé prend place dans le chœur. Après l'évangile, le prélat officiant, crosse en main et mitre en tête, avec la majesté et la simplicité des Pères de l'Eglise, commente l'évangile de la messe du Bienheureux de la Salle. « Ne craignez pas, petit troupeau, parce qu'il a plu à votre père de vous donner la victoire. Vendez ce que vous possédez. Faites-vous un trésor dans le ciel. Là où est votre trésor, là est aussi votre cœur. »

Ces paroles servent tour à tour, et avec un merveilleux à-propos, de commentaire à la vie du Bienheureux Jean-Baptiste de la Salle, et de thème à de sages conseils et à de puissants encouragements pour ses fidèles disciples.

La bénédiction papale, demandée et obtenue pour cette circonstance par Mgr l'Archevêque, termine les cérémonies du matin.

Le soir, après les vêpres et le dernier discours de M. l'abbé Vuichard, s'organise une procession avec les reliques du Bienheureux. Elle parcourt, au chant des hymnes et des cantiques en l'honneur du héros de la fête, les cours spacieuses de l'Etablissement, pavoisées d'oriflammes et de drapeaux. Au retour dans la chapelle, le salut solennel et la bénédiction du saint Sacrement terminent la série de ces fêtes, que nous n'avons fait qu'esquisser ; car nous n'avons pas tout dit. D'ailleurs, ce que nous ne pourrions que très imparfaitement redire, c'est le spectacle donné par les enfants du Bienheureux, le recueillement, la piété et la sainte joie qu'on lisait sur tous les visages de ces amis de l'enfance. D'autre part, quelle modestie et en même temps quelle aisance chez ces cinquante petits novices ou jeunes sourds-muets faisant l'office d'enfants de chœur ! Puis, ce plain-chant exécuté avec un accord ravissant, partie en faux-bourdon, partie à l'unisson dialogué entre voix d'hommes et voix d'enfants, ces motets des grands maîtres mélodieusement chantés, ces doux accents de l'orgue tenu par une main exercée : tout contribuait à donner comme un avant-goût des joies du ciel.

Les Frères chantaient après la bénédiction du saint Sacrement : *Ecce quam bonum et quam jucundum habitare fratres in unum.* C'est la note finale qui redit avec force et suavité la douceur et les avantages de la vie commune léguée par le bienheureux Jean-Baptiste de la Salle à toute sa famille religieuse.

Chers et bons Frères, nous comprenons ces joies chrétiennes et nous en jouissons. Nous devinons la force que vous donne l'union de vos cœurs formés à l'école de votre Bienheureux, et nous gardons l'espoir que vous puiserez, dans le souvenir de ces fêtes, un surcroît de dévouement qui impose silence aux plus obstinés de vos détracteurs.

L'Abbé Ernest PERRIN.

DISCOURS DE M. L'ABBÉ VUICHARD

I.

Bonitatem et disciplinam et scientiam doce me, quia mandatis tuis credidi.

Enseignez-moi la bonté, l'amour de la règle, et la vraie science, parce que j'ai été fidèle à votre loi.

(Ps. CXVIII, 66.)

MONSEIGNEUR [1],
MES BIEN CHERS FRÈRES,

Lorsqu'il plaît à Dieu de donner à un homme la seule gloire véritable, en mettant sur sa tête et autour de son nom la couronne immortelle de la sainteté, il y a pour l'ordinaire, dans la réalisation de ce dessein, tout un ensemble de circonstances qui en font, pour un long avenir, la joie, l'instruction et l'édification des peuples. Même en dehors de l'Eglise, on apprécie les services rendus aux faibles, aux abandonnés de ce monde et, tôt ou tard, on leur rend un public hommage. Mais lorsque la Religion nous montre le dévouement transfiguré par les mérites et les vertus d'un Saint, l'admiration, portée sur les ailes de la Foi, s'élève aisément jusqu'à l'enthousiasme. Et si, au milieu des épreuves et des angoisses de l'heure présente, les institutions fécondes, sorties de la pensée et du cœur de ce Saint, apparaissent comme un gage d'espérance et de salut, en multipliant sur tous les

(1) Mgr Ducellier, archevêque de Besançon.

points du monde les effets prodigieux de son activité, la mémoire de ce *Fondateur* rencontre partout une sympathie aussi profonde qu'universelle. Tel est le caractère des manifestations pieuses qui ont accompagné et suivi la béatification du Bienheureux Jean-Baptiste de la Salle, non seulement parmi ses enfants et ses disciples, mais au milieu des fidèles de tout rang et de toute condition. Il y a quelques années, lors du deuxième centenaire de la fondation de son Institut, on avait déjà célébré, avec un incomparable éclat, les services rendus à la société par le Bienheureux, et continués par ses Fils en Jésus-Christ ; mais il manquait à ces solennités le caractère grandiose que l'Eglise peut seule imprimer aux démonstrations de la reconnaissance et de l'amour. Aujourd'hui, ce n'est plus seulement le bienfaiteur intelligent des classes pauvres, le pédagogue éclairé et pratique, le véritable ami des enfants que nous pouvons saluer dans le Bienheureux de la Salle : grâce à la décision du Souverain Pontife, nous vénérons en lui *le saint*, c'est-à-dire le chrétien qui a poussé jusqu'à l'héroïsme la pratique du devoir et l'exercice des plus belles vertus. Nous le contemplons, non plus seulement sur la terre, au milieu de ses travaux et parmi les générations qui ont senti sa bienfaisante influence, mais dans le ciel où, devenu le protecteur de sa nombreuse famille, il nous offre, avec l'exemple de ses vertus, la puissance de son intercession et l'éclat de sa gloire. Et voilà pourquoi les triduums, qui se célèbrent sur tous les points du monde catholique, sont suivis avec un si édifiant empressement, et revêtent un caractère si particulier de piété reconnaissante, et d'affection vraiment populaire. Mais c'est surtout dans cette maison, où se forment ses disciples et où par conséquent se conservent plus fidèlement son esprit et ses traditions, que ces fêtes deviennent plus intimes et plus touchantes.

Pour répondre à l'attente de vos cœurs, je voudrais, mes bien chers Frères, étudier votre Bienheureux Père dans sa vie et dans ses œuvres, saisir sur le vif les caractères distinctifs de sa sainteté, et les présenter à votre admiration sans doute, mais surtout à votre imitation. Car il faut qu'après ces jours de pieuse allégresse, vos âmes, retrempées et fortifiées dans la contemplation des vertus du Bienheureux, soient plus imprégnées de son esprit, plus courageuses dans le devoir, plus pénétrées de cette vérité, qu'aujourd'hui plus que jamais, le Frère des Ecoles chrétiennes doit être instruit, dévoué, et à la hauteur de tous les progrès, mais surtout saint ou sur la voie qui conduit à la sainteté.

Or, dans les oraisons que le Souverain Pontife a approuvées pour la messe du Bienheureux de la Salle, la perfection de sa vie et de ses œuvres est résumée dans les trois mots de la sainte Ecriture que j'ai cités en commençant, et qui fournissent un plan aussi vaste que solide pour les instructions de ce triduum : *Bonitatem et disciplinam et scientiam doce me :* La bonté qui est le rayonnement de la sainteté et qui attire les âmes ; la discipline qui trempe les volontés et qui fait les instituteurs selon le cœur de Dieu ; la science véritable qui élève l'homme tout entier, et lui donne le secret des grandes vertus et des plus nobles dévouements. Voilà le programme que s'est tracé le Bienheureux de la Salle, qu'il a réalisé pendant sa vie, dont l'Eglise et le monde admirent la grandeur, et que vous avez la difficile mais glorieuse mission de continuer dans vos écoles populaires, et dans tous les établissements d'éducation confiés à vos soins.

Monseigneur, il faut une témérité bien grande pour aborder un pareil sujet en votre présence, et dans ce pays habitué à toutes les noblesses de la pensée et à toutes les élégances du langage. Mais je n'ai pu résister à l'invitation bienveillante qui m'était adressée, parce qu'elle me venait de ceux qui furent mes premiers maîtres, qui sont restés mes amis, et parce qu'elle me fournissait une occasion, depuis longtemps cherchée, de les remercier publiquement du bien qu'ils ont fait à ma jeunesse et à mon pays. Il y a quelques jours, j'assistais, à Neufchâtel, aux témoignages d'affection et de reconnaissance que les élèves des Frères des Ecoles chrétiennes rendaient à leurs maîtres, en donnant au triduum du Bienheureux de la Salle le caractère de la plus touchante piété et du plus sérieux attachement. Il m'a paru que, chargé d'exprimer ici leur gratitude et la mienne, je trouverais dans mon cœur, pour louer les bienfaits et les bienfaiteurs, des paroles acceptables par tous, parce qu'elles seraient, avec l'accomplissement d'un cher devoir, l'expression de l'admiration reconnaissante que tant d'autres partagent avec moi. D'ailleurs, en voyant Votre Grandeur dérober une journée tout entière à l'administration de ce vaste diocèse, pour la consacrer à l'inauguration des pieux exercices de ce triduum, dans ce Noviciat de Saint-Claude, je comprends, Monseigneur, combien vous aimez et appréciez les enfants du Bienheureux de la Salle, et j'espère que cette commune affection vous rendra indulgent pour celui qui a accepté la tâche de rendre un hommage, insuffisant sans doute, mais ému et sincère, aux membres de cet Institut à qui les évêques, comme le peuple chrétien, sont redevables de si nombreux et si dévoués services.

Le premier caractère de la sainteté du Bienheureux de la Salle, tel que l'Eglise le consacre dans sa liturgie, c'est la bonté. En Dieu, la bonté est l'attribut principal et la plus saisissante de ses perfections. Aussi, le langage populaire lui rend hommage par ce nom qui se rencontre sur toutes les lèvres, « *le bon Dieu.* » C'est que, en effet, Dieu donne à tous et sans mesure ce qui est nécessaire aux besoins de l'âme et du corps. Après avoir satisfait avec une prodigalité sans pareille à toutes les exigences de notre nature, il s'est donné lui-même par la réalisation des grands mystères de la vie surnaturelle : l'Incarnation, la Rédemption et la Sanctification. Cette bonté de Dieu devient aussi le caractère distinctif du chrétien, et surtout du saint, puisque la sainteté n'est autre chose que l'imitation plus ou moins parfaite de *Dieu fait homme*. Or, en analysant cet attribut de la bonté dans l'homme, on trouve qu'elle est un composé d'humilité, de force, de tendresse et de piété. Tous les saints ont possédé à divers degrés ces quatre grandes choses, qui donnent le secret de posséder son âme et d'agir puissamment sur les autres. Défiance de soi-même produisant la confiance en Dieu, engendrant ce calme de la force qui ordonne tout avec poids et mesure, au pied de la croix, en vue de Dieu seul, et ne se laisse arrêter par aucune contradiction, aucune injustice, aucune épreuve. Cette énergie de la volonté humble ne reste pas stérilement repliée sur elle-même ; elle éprouve le besoin de se répandre au dehors et, comme aucun calcul d'égoïsme n'arrête son essor, elle se donne sans mesure et avec un incomparable dévouement. Mais à une telle abnégation il faut un appui surhumain, et la piété devient le fondement solide de la bonté ainsi entendue. C'est parce que bien des âmes, généreuses du reste, n'établissent pas leur bonté native sur l'humilité et la piété, que les plus riches dons du Ciel restent parfois stériles. Le Bienheureux de la Salle, admirablement doué par la nature, trouva autour de lui, dès son entrée daus la vie, ce qui aide le plus à faire le bien, c'est-à-dire à être bon : la noblesse du nom, la fortune, la considération, une position assurée et honorable. Mais il comprit que ces trésors se dissiperaient rapidement et sans fruits, s'il ne les concentrait en les surnaturalisant. Et voilà pourquoi il cultiva, de bonne heure, cette vertu d'humilité que l'on retrouve à la base de toute sainteté, et qui ne consiste pas à méconnaitre les dons de Dieu, mais à les faire servir uniquement à sa gloire. Malgré la sûreté de son jugement, fortifiée encore par une instruction solide, par une éducation virile, par ces antiques traditions qui donnaient alors aux familles une si grande force et une si exquise distinction, il se défiait toujours de lui-même et n'arrêtait ses résolutions qu'après avoir non seulement beaucoup réfléchi, mais longtemps prié et souvent pris conseil. Les nuits qu'il passait chaque semaine, au pied du tabernacle, dans le recueillement de la prière et le silence de la méditation : les confessions fréquentes, où il cherchait le secret de sa vocation et de son avenir, la maturité et la sage lenteur qu'il apporta toujours à l'exécution de ses projets, telles furent les preuves de cette humilité sans bornes qui apparaît dans les plus petits détails de sa vie. Pénétré de l'utilité, de la nécessité de l'œuvre à laquelle il attachera son nom, il ne met en doute que son aptitude à la réaliser ; il cherche autour de lui et juge tous les autres plus capables que lui de l'entreprendre. Lorsqu'une fois il a entendu l'appel de Dieu et mis la main à l'exécution de son plan, ce qui lui cause de continuelles inquiétudes, c'est de ne pas être à la hauteur de sa mission, ou de découvrir en lui quelque attache de volonté, quelque affection du cœur ou quelque recherche d'esprit incompatibles avec l'humilité chrétienne. Mais dans cette défiance de soi-même, produisant une absolue confiance en Dieu, quelle force, quel calme et quelle puissance de volonté ! C'est là le profond mystère et le charme des âmes véritablement humbles : elles se possèdent et trouvent le secret d'échapper aux caprices, aux doutes, aux incertitudes, aux tâtonnements qui souvent font échouer les desseins les plus habiles et les mieux conçus. Les humbles voient tout dans la lumière de Dieu qui ne trompe jamais, et non dans l'habileté de la sagesse humaine, *toujours courte par quelque endroit*. Or, cette force calme et tranquille, signe de la véritable supériorité, n'apparaît nulle part plus majestueuse et plus belle que dans la vie de votre saint fondateur : tout semble crouler autour de lui : ses intentions sont méconnues, il est mal jugé par ceux-là mêmes qui devraient être ses plus dévoués auxiliaires ; il est soupçonné par ses frères, durement traité par ses supérieurs ; les ressources matérielles lui font défaut, aussi bien que les hommes, et son œuvre naissante semble condamnée à périr : il reste calme, maître de lui, attendant du Ciel le secours qui relèvera son courage et fera briller, dans son humilité, la véritable grandeur d'âme. Pas de plainte, pas de découragement, pas une parole amère, ni contre l'autorité qui semble le condamner, ni contre ses frères que l'héroïsme de sa vertu épouvante. Je le trouve surtout admirable aux pieds de l'archevêque de Paris qui, pour éprouver sa vertu, l'accueille avec froideur, presque avec dureté. Il se prosterne dans la poussière, les yeux pleins de larmes, le cœur brisé de tristesse, voilà l'humilité. Mais en se relevant, rien n'a fléchi dans sa volonté ; il attendra avec patience, dans la retraite silencieuse de l'obéissance, l'heure de Dieu qui doit venir et pour laquelle il sera prêt, voilà la force. Et c'est ce que la sainte Ecriture exprime avec tant de vérité dans ces paroles : *Deus superbis resistit, humilibus autem dat gratiam :* « Dieu résiste aux superbes, et c'est aux humbles qu'il donne sa grâce [1]. »

Mais cette force calme et tranquille, fruit de l'humilité, produit dans les saints un dévouement que rien ne peut lasser, une tendresse aussi délicate qu'ingénieuse, que rien ne rebute. On l'a dit, et le commerce des âmes élevées le prouve tous les jours, il n'y a rien de plus aimant et de plus tendre que le cœur ouvert du côté du ciel et tout rempli du saint amour de Dieu. Ce trésor, les saints ne le gardent point pour eux-mêmes, ils éprouvent le besoin de le communiquer à d'autres, de le répandre autour d'eux. C'est pour cela que le christianisme n'a jamais laissé sans secours ou sans consolation les tristesses et les misères qu'il a rencontrées sur son chemin. Plus une faiblesse est grande, plus une souffrance est profonde, plus aussi la charité sait multiplier les délicatesses

(1) *Jac.*, IV, 6.

et prodiguer les soins. En outre, une disposition spéciale de la Providence, constatée par l'histoire, suscite toujours avec un merveilleux à-propos les inventions de la charité les mieux appropriées aux besoins d'un pays ou d'une époque. Or, le Bienheureux de la Salle, cherchant devant Dieu l'application pratique des trésors d'affection et de dévouement qu'il portait au fond de son âme, remarqua autour de lui une touchante faiblesse : l'enfance; mais l'enfance dans les conditions déplorables que le développement du commerce et de l'industrie, ajouté aux malheurs des temps, avait créées sur la fin du XVIIe siècle; l'enfance pauvre, ignorante et victime de ces travaux de l'atelier, qui produisent tant de richesses matérielles, mais aussi tant de misères morales. Rien de plus émouvant que les premières relations du Bienheureux avec ces petits délaissés, sacrifiés par leurs familles aux nécessités de la vie. Rien de plus instructif que l'étude qu'il fait de leur existence, des lacunes ou des vices de leur éducation ! On voit naître, dans sa correspondance et dans ses conversations, l'idée généreuse qui aboutira à la fondation de son Institut, et qui répandra partout les bienfaits d'une éducation chrétienne et populaire. Cet amour ne se répandra pas seulement en paroles, il s'affirmera par l'abandon de ses dignités ecclésiastiques, par le don de sa fortune, par l'acceptation volontaire de la pauvreté, de la vie commune et des travaux obscurs poursuivis avec un infatigable désintéressement. La peinture a immortalisé le Bienheureux au milieu des petits enfants, comme le divin Maître, se faisant tout à tous, et prodiguant aux plus délaissés ses plus douces caresses et ses meilleures paroles. Mais qui nous dira les inventions de son zèle et les ressources de son esprit, pour ouvrir à ces intelligences endormies les horizons de la science et ceux, plus vastes et plus purs, de la foi. S'il est vrai que le grand secret d'élever les enfants, c'est de les aimer, qui, mieux que le Bienheureux de la Salle, a possédé ce secret : ne voyant que les âmes et les voyant en Dieu, il pratiquait ainsi l'affection surnaturelle, seule véritable et désintéressée. N'est-ce pas là qu'il faut chercher l'explication des connaissances pédagogiques si étendues, si pratiques, si vraiment progressives, qui se révèlent dans les règles de son Institut, dans ses méthodes, dans ses manuels et dans toutes les traditions des Frères des Ecoles chrétiennes?

Mais si l'humilité produit la force, et si l'homme humble et fort a le secret du dévouement, ces vertus, si précieuses et si rares, ne se développent que par la piété. Pour se donner, comme pour être maître de soi, en connaissant sa juste valeur, il faut une étude de sa conscience, une habitude de la lutte et des secours extérieurs que la grâce seule peut fournir. Tôt ou tard les ressources humaines sont à bout ; l'homme faiblit devant les obstacles, et le sentiment de son impuissance le jette dans le découragement, si ce n'est dans le désespoir. C'est l'histoire d'une quantité d'âmes de notre temps auxquelles Dieu avait prodigué tous les dons : mémoire, imagination, intelligence, cœur, puissance créatrice de toute nature; tout cela, n'étant pas vivifié par la piété, n'a donné que de brillantes espérances suivies d'une désolante stérilité. Au contraire, partout où la grâce fait sentir sa divine influence, des esprits même médiocres, et des talents ordinaires, ont produit des résultats merveilleux. C'est la vérification du mot de saint Paul : « La piété est utile à tout, car elle a les promesses de la vie présente et celles de la vie future. » *Pietas ad omnia utilis est* [1]. Or, le Bienheureux de la Salle avait porté, dès ses premières années, le joug du Seigneur ; les austères pratiques de la piété chrétienne avaient préservé son adolescence et réjoui sa jeunesse; elles lui révélèrent sa voie et lui donnèrent le courage d'y marcher d'un pas ferme : elles furent sa lumière, son soutien et sa force dans l'établissement de son Institut et dans la rédaction des règles

1) *I. Tim*, IV, 8.

qui devaient en assurer le succès. Qu'on le remarque bien : votre bienheureux Fondateur s'est appliqué surtout à former, dans l'instituteur de l'enfance, l'homme intérieur, c'est-à-dire l'homme de la piété. S'il n'a rien négligé de ce qui pouvait développer l'instruction et élever le niveau des connaissances humaines, il a vu en tout cela l'ornement de l'homme, une force et un appui, un moyen d'agir sur les âmes. Mais le principe de votre influence, il ne l'a cherché que dans une vraie et solide piété. De là ces sollicitudes pour le choix des vocations, ce soin donné à la célébration des fêtes, cette atmosphère de foi dans laquelle se développent vos novices, et, pour tous vos religieux, ces pratiques de la vie spirituelle : méditations, confessions, communions, sacrifice de la messe, visites au Très Saint Sacrement, lectures édifiantes, examens de conscience, retraites annuelles, en un mot, tous les exercices qui créent la vertu, et sans lesquels vous ne seriez ni de dignes instituteurs, ni les héritiers de votre bienheureux Père. C'est là surtout que se fait sentir l'influence d'un saint. Au déclin de sa vie, en constatant les développements de la piété dans ses premiers disciples, son cœur surabondait de joie et tressaillait d'espérance, parce qu'il pouvait se dire : Ce sont des hommes de piété qui, enracinés dans l'humilité, deviendront des forts et donneront à l'Institut une brillante couronne de dévouements.

Cette vue prophétique de votre bienheureux Père s'est réalisée. L'histoire de votre Congrégation présente partout, dans les plus humbles comme dans les plus importantes fondations, dans les supérieurs comme dans les auxiliaires, l'alliance de l'humilité, de la force, de la tendresse et de la piété ; c'est-à-dire l'image parfaite de la bonté. Et c'est pourquoi l'œuvre du Bienheureux de la Salle a résisté à toutes les attaques, traversé les révolutions et, après deux siècles de combats et de victoires, se trouve aujourd'hui pleine de force, de jeunesse et d'avenir. Tant qu'on pourra vous appeler les *bons* Frères, vous aurez gardé l'esprit de votre saint Fondateur, qui fut et qui doit être à jamais un esprit d'humilité, de force, de dévouement et de piété. En le saluant, aujourd'hui, dans les splendeurs du ciel, dans l'éclat de sa gloire et avec la brillante couronne de mérites que vous êtes appelés à augmenter encore, si vous lui demandiez la raison dernière de ses succès sur la terre et de ses triomphes dans le ciel, il vous répondrait par ces mots du Psalmiste : *Bonitatem fecisti cum servo tuo, secundum verbum tuum.* « Seigneur, vous avez donné à votre serviteur la *bonté*, selon votre parole [1]. »

II.

Tene disciplinam, ne dimittas eam; custodi illam, quia ipsa est vita tua.

Attachez-vous à la règle, ne vous en écartez jamais; gardez-la avec un soin jaloux, car c'est elle qui est votre vie.

(*Prov.*, IV, 13.)

Mes bien chers Frères,

Le premier caractère de la sainteté de votre Fondateur, c'est la bonté, qui est un mélange d'humilité, de force, de tendresse et de piété : cette bonté a assuré la vitalité et la fécondité de votre Institut, et elle est encore aujourd'hui le gage le plus certain de vos succès.

Mais la bonté n'est qu'un fruit, un épanouissement d'une puissance merveilleuse que l'on retrouve partout à l'origine des ordres religieux, et dont l'absence indique inévitablement le déclin, parfois la ruine de ces institutions. Ce principe de vie, c'est la fidélité à la règle. Votre bienheureux Père en connaissait l'importance, il en sentait la nécessité : aussi s'est-il étudié à donner à cette règle toute la perfection possible, et, une

(1) Ps. CXVIII, 65.

fois promulguée, son unique préoccupation fut de la maintenir dans son intégrité et d'en assurer la stricte observation. C'est qu'il avait compris cette vérité trop méconnue de nos jours, que ce qui fait l'homme, c'est le gouvernement de sa volonté, et que cette volonté n'est souveraine et libre qu'autant qu'elle se meut dans l'ordre et le devoir, c'est-à-dire dans la règle. Selon le plan divin, l'homme doit commander à tout dans la création dont il a été fait le roi par Dieu lui-même. Mais ce pouvoir de commander n'est légitime qu'autant que les ordres donnés sont réglés par la soumission aux lois divines. En d'autres termes, l'homme ne peut commander aux autres qu'après avoir appris à obéir, et cette obéissance, qui n'a rien de commun avec la servilité ou la crainte du châtiment, assure à la volonté sa rectitude et sa puissance dans la liberté. La grande erreur de nos jours, c'est de faire consister la liberté dans l'affranchissement de toute règle : à la place de la loi qui est l'ordre et l'harmonie, on met le caprice, la passion, c'est-à-dire la tyrannie, et, dans ce désordre, la volonté, qui est la faculté maîtresse, devient esclave des plus vils penchants ou des plus honteuses pratiques. Tous les fondateurs d'ordres, pénétrés de la puissance de la volonté pour le bien comme pour le mal, ont eu soin de la fixer par des règles mûrement établies, saisissant l'homme dans les plus petits détails de sa vie, l'assouplissant par l'obéissance, et lui donnant ainsi, sur lui et sur les autres, un empire que nos générations amollies ne savent plus ni comprendre ni exercer.

Dès le premier instant, le Bienheureux de la Salle voulut mettre à la base de son Institut cette puissance d'une forte règle. Il comprit que si le religieux, séparé du monde et de ses séductions, doit se mouvoir constamment dans l'ordre et la discipline, les instituteurs qu'il allait appeler à la régénération de la société, en vivant au milieu d'elle, devaient nécessairement commander à leur volonté, et accepter avec joie, pour tous les actes de leur vie intérieure et extérieure, la direction absolue d'une autorité légitime. Dans sa pensée, les Frères des Ecoles chrétiennes devaient saisir l'enfance toute vive, lui apprendre à se vaincre elle-même pour commander aux autres et dominer les événements : en un mot, ils devaient former des caractères, des hommes ; et, pour les former dans les disciples, il s'attacha à les montrer dans les maîtres. De là, à chaque page de ses Constitutions, ce luxe de détails enfermant l'existence entière du Frère des Ecoles chrétiennes dans l'austérité du devoir ; de là surtout ces exemples de soumission aux Règles une fois promulguées, ces actes de vigueur et quelquefois de sévérité qui, exercés à propos, ont donné à l'Institut des habitudes de régularité et de discipline, en même temps que de charité fraternelle, et y ont fait respecter les Supérieurs en les faisant aimer. De là enfin ces recommandations incessantes pour établir, dans toutes les maisons de l'Institut, une autorité divine par son origine, ferme autant que juste, toujours tempérée par la douceur, et obtenant ainsi une soumission aussi libre que féconde. Ce sont ces traditions d'obéissance qui ont permis à votre Congrégation de traverser tous les orages, et de s'adapter aux conditions les plus diverses de temps, de pays et de milieux politiques, sans rien perdre de son esprit primitif, ni de sa force d'expansion et de progrès. Ici encore le Bienheureux avait compris cette parole de l'Ecriture : *Vir obediens loquetur victorias.* « L'homme qui sait obéir racontera ses victoires [1]. » Et en vous livrant le secret de l'influence qu'il a exercée sur ses frères et sur son siècle, il vous a indiqué à vous, les continuateurs de son œuvre, le moyen de confondre vos détracteurs et de défier toutes les critiques. Tant que vous serez les hommes de la règle, les disciples de l'obéissance, ne craignez rien : l'ordre et la paix régneront dans vos communautés, vous

(1) *Proverb.*, XXI, 28.

obtiendrez de vos élèves la soumission que vous accordez vous-mêmes à vos supérieurs. Le monde qui ne croit pas à la vertu, qui vous épie, et qui est prêt à compter vos fautes pour les multiplier, en taisant vos mérites, sera obligé de constater les triomphes de votre obéissance, et vos ennemis les plus acharnés seront contraints de rendre hommage à l'éducation chrétienne que vous avez mission de représenter partout.

C'est, me semble-t-il, la grâce que votre bienheureux Fondateur doit solliciter le plus vivement pour vous, à l'heure présente. Pour relever une société qui se dissout par l'esprit d'insubordination et d'indépendance, devenu commun même chez les petits enfants, dominant partout, dans la famille, dans l'école, dans l'atelier, dans le comptoir et jusque dans l'Eglise, il faut ramener les volontés à la pratique de l'obéissance; montrer sa grandeur, sa beauté, sa nécessité, sa puissance; la faire accepter comme le principe le plus efficace d'action et d'influence sur soi-même, sur les autres et sur les événements. On se plaint que les âmes diminuent, que les caractères s'abaissent, que les grandes figures deviennent rares, et que le niveau d'une effrayante banalité pèse sur les esprits et sur les consciences : c'est qu'en effet, il manque aux hommes de ce temps le ressort qui, dans les chefs-d'œuvre de votre horlogerie, donne à tout l'ensemble d'un mécanisme compliqué, le mouvement, la régularité et la précision. Pour le chrétien, ce ressort moral, c'est la volonté, et à vous, mes bien chers Frères, qui dans ce pays de France, avez la mission de préparer, non pas seulement des savants, mais des citoyens utiles à la patrie et à l'Eglise, le Bienheureux de la Salle recommande avant tout la fidélité aux règles qu'il a établies. Sans doute les fleurs qui ornent ce sanctuaire, les cierges qui étincellent autour de l'image et des reliques de votre Père, la suavité des chants, les prières, les communions, le concours des amis et des bienfaiteurs, cet universel concert d'affectueux hommages, sont un spectacle plein de consolation et d'espérance. Mais, soyez-en sûrs, ce qui réjouira le ciel et édifiera la terre, plus que toutes les démonstrations extérieures, ce sera la règle de votre Institut toujours souveraine, toujours acceptée, fidèlement observée et produisant parmi vous « l'unité d'esprit dans le lien de la paix [1], » grâce à l'autorité saintement exercée et joyeusement obéie. Alors, en abaissant ses regards sur vos établissements des deux Mondes, soumis à la même loi, vivifiés par le même principe, et en voyant sa règle scrupuleusement observée par le dernier d'entre vous, votre saint Fondateur pourra dire : Ce sont bien là mes enfants ; je les reconnais et je les bénis. Ainsi soit-il.

III.

Qui ad justitiam erudiunt multos, quasi stellæ in perpetuas æternitates.

Ceux qui auront enseigné à des multitudes sans nombre la véritable justice brilleront comme des étoiles pendant l'éternité tout entière.

(*Daniel*, XII, 3)

Monseigneur,
Mes très chers Frères,

C'est la sainte liturgie qui a fourni le plan des instructions de ce triduum, en nous donnant, dans le langage des Ecritures et avec l'interprétation de l'Eglise, les notes caractéristiques de la sainteté du Bienheureux de la Salle, et nous livrant en même temps le secret de la féconde vitalité de ses œuvres. Votre Fondateur avait reçu du Ciel le trésor de la bonté qui, devenu plus grand pour avoir passé dans son cœur, s'est répandu en bienfaits sur son siècle et sur le nôtre. Il fut l'homme de la règle qu'il constitua sur de fortes et admirables

(1) *Eph.*, IV, 3.

bases, et dont il légua à ses disciples la fidèle observation comme le gage le plus sûr de leur influence à travers les âges.

Mais le Bienheureux fut aussi un homme de science, et son institut, une école modèle dont la fondation a inauguré le développement de l'instruction populaire. Seulement pour lui, cette science devait reposer sur sa véritable base : la connaissance de Dieu et des devoirs de la vie chrétienne. Elle fut pratique, s'adaptant merveilleusement à la diversité des esprits, tenant compte des aptitudes et des besoins, et formant ainsi des caractères élevés, des hommes utiles, des enfants dévoués de la sainte Eglise. Voilà pourquoi les Frères des Ecoles chrétiennes ont rencontré et rencontrent partout de si profondes sympathies, une confiance si générale. Grâce à la direction première, donnée par leur Fondateur, ils sont de véritables éducateurs, cherchant à développer, non pas une faculté, mais l'âme tout entière, étudiant avec soin le but à poursuivre et travaillant à le réaliser par les moyens les plus efficaces. Tel est le vaste sujet que j'essaierai d'esquisser aujourd'hui et qui complétera le portrait de votre Père. Certes, c'est bien dans cette enceinte où se presse une foule si nombreuse et si recueillie de fils, de disciples de de la Salle, d'élèves des Frères, de parents émus et reconnaissants, d'amis et de citoyens soucieux de l'avenir de leur patrie ; au milieu de l'allégresse des âmes et au bruit des harmonies sacrées ; dans cette chapelle étincelante de lumières, devant l'image du Bienheureux, en face de ses reliques vénérées, sous la bénédiction du chef du diocèse, qui vous rappelait ce matin avec tant de grandeur et vos origines et vos devoirs ; c'est bien, dis-je, en ce lieu et en ce jour qu'il convient d'indiquer ce que le fondateur des Frères des Ecoles chrétiennes a fait et si bien fait pour l'instruction de la jeunesse.

On répète tous les jours cette calomnie vieillie et mille

fois réfutée, que l'Eglise est l'ennemie de la science, qu'elle ne s'en sert que par un motif d'intérêt et dans un but de domination. La vérité, qu'il ne faut point se lasser d'affirmer, c'est que nos papes, nos évêques, nos moines, nos religieux ont été partout et toujours les gardiens vigilants, les protecteurs éclairés et les dispensateurs généreux de la vraie science. Nous distinguons, il est vrai, les connaissances que procurent le bien de l'homme et celui de la société, et celles qui, enflant le cœur et le remplissant d'orgueil, deviennent une source de malheurs, une cause de ruine pour l'individu, pour les familles et les nations. Mais nous revendiquons comme la plus incontestable gloire du catholicisme, la diffusion de la vérité et le souci de l'élévation des âmes par une forte éducation.

Vers la fin du XVIIe siècle, l'Eglise restait fidèle à sa mission d'institutrice des peuples, et les écoles supérieures, dont elle avait seule alors la direction et la charge, attestaient par leur prospérité la sollicitude constante de l'autorité ecclésiastique pour le progrès des hautes études. Mais les guerres, les troubles politiques, le développement de l'industrie et du commerce avaient créé, surtout dans le nord de la France, des besoins nouveaux. Dans ces populations ouvrières, assujetties au travail des fabriques ou de l'atelier, l'ignorance des enfants était effrayante, au point de vue de la religion comme à celui des connaissances humaines. Et, chose singulière, qui, en nous montrant que les misères d'aujourd'hui ne sont pas sans précédent, doit prévenir et arrêter le découragement, ce n'étaient pas les écoles qui manquaient, mais bien la direction donnée à l'instruction. M. Bourdoise, ami de saint Vincent de Paul, écrivait à M. Olier : « Aujourd'hui les enfants vont aux écoles, mais à des écoles *qu'on leur fait toutes naturelles ;* ainsi il ne faut pas s'étonner si, dans la suite, on en voit peu qui vivent chrétiennement ; parce que, pour faire une école qui soit utile au christianisme, il faudrait avoir des maîtres qui travaillassent à cet emploi en parfaits chrétiens et non pas en mercenaires. » Et, par un curieux pressentiment de l'avenir, il ajoutait ces paroles prophétiques : « Je crois qu'un prêtre qui aurait la science des saints se ferait maître d'école, et par là se ferait canoniser. » Le Bienheureux de la Salle était né et allait répondre à ces pieux désirs par la fondation de son Institut.

Afin de montrer que le désintéressement doit être à la base de l'éducation, il renonce à son canonicat, quitte une position brillante et pleine d'avenir, vend ses biens et, revêtu de cet humble costume que les Frères des Ecoles chrétiennes ont rendu à jamais populaire, il s'enferme dans une classe avec des enfants pauvres, ignorants et délaissés, pour se former, par l'expérience et la pratique, au rude métier d'instituteur. C'est seulement après s'être rendu compte des difficultés de cette tâche, des aptitudes et des vertus qu'elle exige, qu'il rédigera ses constitutions et fixera les grandes lois appelées à devenir le code de l'instruction primaire. A la différence de beaucoup de novateurs, il fera passer la pratique avant la théorie, et voilà pourquoi ses écoles acquerront, du premier coup, une incontestable supériorité.

Ici, comme dans toutes les œuvres de Dieu, c'est le côté surnaturel qui préoccupe le saint Fondateur. Ce qu'il voit dans ces enfants, qu'il faut arracher à l'ignorance, aux mauvais exemples et à la paresse, c'est avant tout l'âme immortelle, qu'il éclairera sans doute par le développement de l'intelligence, mais qu'il cherchera surtout à élever par le goût et l'amour de la vertu. Pénétré de cette pensée, il s'attachera à former des hommes complets, des caractères vigoureusement trempés, des âmes fortes, en un mot des chrétiens. Il établira d'abord leur esprit dans les clartés de la foi en mettant à la base de son enseignement le *catéchisme* : il en expliquera la lettre, en exposera les dogmes et les devoirs, en s'attachant aux doctrines de l'Eglise romaine, et en écartant avec soin tout levain du jansénisme, cette hérésie déloyale qui fit alors tant de mal à la France. Aussi, en raison de cette courageuse orthodoxie, on l'appellera le *prêtre de Rome*. Cette solidité de l'enseignement religieux, formant de bonne heure des convictions chrétiennes, il en fera la condition essentielle de l'éducation donnée par ses *Frères*. Et c'est pour cela qu'aujourd'hui, en face des tentatives audacieuses organisées pour ravir à l'enfant le bienfait de la foi, vous devez, très chers Frères, vous attacher énergiquement à cette tradition; et vous, parents chrétiens, préférer toujours des maitres nourris de la saine doctrine, capables de la transmettre entière et pure. Mais si les principes de la foi sont la base de toute vraie éducation, il y a dans l'homme une faculté maitresse, la volonté, qu'il importe d'établir fortement dans la pratique du devoir. Ce qui manque aujourd'hui, surtout à votre cher pays de France, c'est cette énergie du bien qui fait supporter toutes les luttes, accepter tous les sacrifices lorsqu'il s'agit des saintes causes que nous devons tous aimer et servir. Or, c'est surtout par la pratique de l'obéissance, comme nous le disions hier, que se forme cette faculté royale qui apprend à commander aux autres en se commandant à soi-même. Aussi, le Bienheureux de la Salle fit-il de cette vertu non seulement la règle fondamentale des maitres, mais la loi absolue des élèves et des communautés de son Institut. Sans doute, cette soumission fut tempérée par la bonté et par la justice, ce qui la rendit douce et facile à accepter; mais elle ne souffrit ni exception ni compromis, et une sévère discipline fut partout et toujours le plus bel ornement de vos maisons et la garantie de leur prospérité. C'est ce principe qui, dans vos écoles, assure au maitre le respect en même temps que l'affection. Et c'est lui aussi qui, en créant parmi vos élèves des habitudes de subordination, mutiplie les carrières honorables et les services rendus à Dieu, à l'Eglise et à la patrie.

Après l'intelligence, assise sur les principes de la foi, et la volonté trempée par l'obéissance, le Bienheureux de la Salle s'attacha surtout à former le cœur des enfants par la pratique d'une vraie et solide piété. C'est par le cœur que l'homme donne la mesure de sa valeur morale, et c'est l'amour de Dieu qui, en mettant l'ordre, c'est-à-dire la pureté dans ses affections, suscite les grandes pensées et les généreux dévouements. Aussi le Bienheureux attachait-il un soin particulier à tout ce qui peut saisir l'âme et la fixer dans les joies sereines de la piété. Il voulut que les chapelles fussent dignes et élégamment ornées, afin de donner aux offices liturgiques l'ampleur et la majesté qui leur conviennent. Il fit de l'assistance à la sainte messe, de la communion fréquente, de l'examen de conscience, de la visite au saint Sacrement et de tout le culte eucharistique, comme aussi de la dévotion à la très sainte Vierge, et en général de toutes les pratiques de piété approuvées par l'Eglise, un ensemble de moyens régulièrement employés pour agir sur les enfants et leur inspirer le goût et l'amour de toutes les saintes choses. N'est-ce pas ce parfum de piété qui a prêté un charme indéfinissable à ces fêtes trop tôt finies, et dont il ne nous restera bientôt que le souvenir? En voyant cette nombreuse jeunesse s'approcher avec tant de recueillement de la table sainte, donner à la liturgie tant de dignité et d'éclat, en entendant les chants sacrés, échos de la musique des Anges, en trouvant à toute heure au pied du tabernacle ces novices qui venaient demander à Notre-Seigneur Jésus-Christ, par l'intercession du Bienheureux, les secrets de la piété pour eux et pour les autres, n'avez-vous pas eu la révélation de cette formation du cœur par la piété, et de la puissance de dévouement et de tendresse qu'elle peut donner à ces futurs instituteurs de l'enfance?

A ces convictions de la foi, à cette force de la volonté et à cette élévation du cœur, le Bienheureux ajouta ce qui faisait la force du passé, et ce qui manque surtout aux générations actuelles : les habitudes de respect. Il y a quelque chose de profondément triste dans l'éducation contemporaine : c'est la diminution des hommages extérieurs rendus à tout ce qui est vénérable et sacré, l'affaiblissement de ce *sens de la grandeur* qui donnait à la société d'autrefois tant de distinction et de stabilité. L'école sans Dieu aboutit fatalement au mépris de soi et des autres, tandis que l'éducation chrétienne produit, sans effort et naturellement, ce culte du respect qui est l'ornement et la plus belle couronne de l'homme bien élevé. C'est ce que le Bienheureux de la Salle avait admirablement compris, et ce qu'il réalisa au plus haut degré par les relations cordiales, mais toujours dignes et respectueuses, qu'il établit entre les Supérieurs et les Frères, les maîtres et les élèves. Tous ceux qui se sont assis sur les bancs de vos écoles ont eu la révélation du respect dans le sentiment que leur faisait éprouver votre costume sévère, cachant sous son austérité une imposante grandeur qui arrêtait la familiarité sans diminuer l'affection.

Si l'on ajoute à tout cela les connaissances humaines mises à la portée de tous, dans la mesure qui convient à chacun ; organisées de manière à réaliser tous les progrès, à répondre à tous les besoins et à satisfaire aux plus extrêmes exigences, on aura bien l'instruction populaire aussi parfaite qu'on peut la désirer. Et ce qu'il y a de plus remarquable, c'est que la méthode du Bienheureux de la Salle sut éviter et prévenir les conséquences fatales auxquelles aboutit, de nos jours, l'instruction prodiguée sans discernement : la tendance au déclassement, la dépopulation des campagnes, les ambitions sans mesure aboutissant à des déceptions, à des mécontentements et parfois à des catastrophes. Du premier coup, sans le luxe de programmes et de réclames auxquels nous sommes trop habitués, les Frères des Ecoles chrétiennes ont trouvé le secret de former, dans nos villages, des agriculteurs intelligents et attachés au sol natal ; dans nos villes, des commerçants, des industriels, des ouvriers, des artistes, des littérateurs tenant partout leur place, et joignant aux aptitudes propres à chaque carrière, les vertus qui seules fécondent les plus modestes comme les plus vastes entreprises.

Si l'on considère que ce système, qui forme des hommes de convictions, de caractère, de cœur, de distinction, accessibles à tous les ornements de l'esprit et à la hauteur de tous les devoirs, est appliqué dans plus de *quinze cents* écoles, par plus de douze mille Frères et à plus de trois cent mille élèves, on comprendra la beauté de l'œuvre du Bienheureux de la Salle, les bienfaits qu'il a répandus sur le monde, et la reconnaissance que la société lui doit. N'oublions pas que, de son temps, le développement intellectuel et moral des classes inférieures n'était ni accepté ni prôné comme il l'est aujourd'hui : il eut le mérite, auquel on ne rend point assez hommage, de trouver ces idées, de les répandre, de les populariser et surtout de les faire passer dans la pratique ; il fut le créateur de l'instruction primaire, rationnelle, complète, solide, et, ce qui n'est point à dédaigner, véritablement gratuite. Aussi l'Eglise, juste appréciatrice des grands services et du vrai progrès, a été heureuse et fière de consacrer la mémoire de ce bienfaiteur du peuple, en mettant sur son front l'auréole et la couronne de la sainteté. C'est une de ces inspirations que Dieu envoie au Souverain Pontife et qui attestent, dans le gouvernement de l'Eglise, l'assistance de l'Esprit-Saint. A une époque où tout le monde acclame l'instruction, en prêche la nécessité et parfois en exagère la puissance ; où l'on bâtit des palais pour loger les écoles et où la mission de l'instituteur est assimilée à un sacerdoce, le représentant de Jésus-Christ discerne, à l'origine de la société moderne, l'humble et modeste religieux qui le premier se préoccupa de l'éducation du peuple, en créa les règles, en multiplia les établissements, donna à la mission de l'instituteur son véritable caractère et son noble but; mit le dévouement religieux au service de cette cause alors abandonnée, et organisa, pour la formation des âmes, la grande force de Dieu, représentée depuis deux siècles avec tant de zèle, et aujourd'hui avec tant d'éclat, par votre Institut. Et tout en rendant hommage au pédagogue, à l'homme de la science, à l'ami des enfants, au bienfaiteur du peuple, l'Eglise montre en lui *le saint*, c'est-à-dire l'âme généreuse, inspirée par l'amour et vivifiée par l'esprit de sacrifice, poussant jusqu'à l'héroïsme l'imitation du Dieu qui a dit : « Laissez venir à moi les petits enfants. » Elle révèle ainsi la grandeur du ministère de l'éducation et le caractère surnaturel qu'il doit revêtir. C'est la pensée qu'il faut surtout mettre en relief dans le temps où nous vivons : pour toucher à cette chose si délicate qui s'appelle l'enfance, le talent ne suffit pas, il faut la conscience de l'élévation morale requise pour cette fonction, et le sentiment des responsabilités qui y sont attachées. Ce que nous acclamons comme chrétiens et ce qui nous attache à l'œuvre du Bienheureux de la Salle et de ses enfants, c'est donc la *surnaturalisation* de l'instruction populaire; et, sans contester ni les aptitudes, ni la science, ni le dévouement, ni aucune des qualités qui peuvent se rencontrer dans toutes les âmes et sous tous les costumes, nous disons que là où la pensée de votre Fondateur sera comprise et acceptée comme programme, là surtout où ce programme sera appuyé par l'imitation de ses vertus, là se réalisera plus parfaitement l'idéal de l'éducation chrétienne.

Ainsi, mes bien chers Frères, ces solennités de la béatification qui, commencées à Rome sous la bénédiction du Pape, au milieu du concours des pèlerins de toutes les nations, se répètent sur tous les points du monde catholique avec un enthousiasme toujours croissant, sont une gloire pour votre Institut, et un hommage rendu à une sainteté désormais incontestable. Mais avant tout, elles doivent être un encouragement et une leçon : un encouragement pour vous, les continuateurs et les enfants du Bienheureux de la Salle, qui chercherez plus que jamais, dans les exemples et les traditions de votre Père, le moyen de développer son œuvre, en multipliant ses bienfaits. De la sorte vous ferez bénir sa mémoire et vous agrandirez son influence devenue plus puissante depuis que l'Eglise vous permet de l'invoquer publiquement comme le protecteur spécial de vos écoles. Et la leçon pratique qui se dégage de ces fêtes et qui s'impose à votre zèle, c'est que, voués sans réserve et sans partage à ce consolant ministère des âmes, les yeux fixés sur la gloire des élus, vous travailliez, au milieu des tempêtes et des épreuves, à devenir à votre tour des Saints, et à réaliser l'ambition suprême de votre Père, qui fut d'augmenter sur la terre le nombre des enfants de Dieu en préparant, pour l'éternité, le peuple du ciel. Ainsi soit-il.

BESANÇON. — IMP. ET STÉRÉOT. DE PAUL JACQUIN

Institution des Sourds-Muets

A L'ENTRÉE DU NOVICIAT DES FRÈRES DES ÉCOLES CHRÉTIENNES DE BESANÇON-SAINT-CLAUDE

www.ingramcontent.com/pod-product-compliance
Ingram Content Group UK Ltd.
Pitfield, Milton Keynes, MK11 3LW, UK
UKHW021100270726
13994UKWH00009B/1722

9 782329 524252